본전 생각

김성렬 시집

문학의전당 시인선
213

본전 생각

김성렬 시집

문학의전당

시인의 말

자식들 삶 찾아 집 떠난 후
나도 미련 없이 도시를 떠나
지방으로 거처를 옮겼다.

이곳에서의 삶도
해가 뜨면 내게 주어진 만큼만 살며
그때그때 보고 느낀 시어들
노트에 적으며
남은 生
이곳에 뼈를 묻을 것이다.

2015년 가을
김성렬

차례

시인의 말

제1부

12월 13
문맹 탈출기 14
물물교환 15
복날 16
본전 생각 17
부유물 18
블랙박스 19
소아마비 20
순수성 21
스캔들 22
여름밤의 불청객 23
오일장 풍경 24
할머니 뵈러 간다 25
옥탑방 26

제2부

이심전심　29
외식　30
이웃사촌이란 옛말　32
자화상　33
재테크　34
주님의 말씀　35
지구는 멸망하지 않는다　36
집안일 돕는다　38
책 읽는 사람　39
세태 혹은 세대　40
팔은 안으로 굽는다　41
폭풍 웃음　42
애창곡　43
구둣방　44

제3부

로봇 47
콩나물시루 48
대장정에 오르다 50
개명 51
다이어트 52
독립 54
메뉴 55
맞벌이 56
무한 사랑 58
남녘의 겨울 59
집시들 60
용접공 62
그래도 해는 뜬다 63
갑과 을 64

제4부

아픈 손가락　67
가장의 자리　68
각혈　70
맏이　71
이상한 고향　72
내 유년의 뜨락　74
보릿고개　75
서울도 평양도 울었다　76
부부　78
대동여지도　79
업보　80
로드킬　82
모멸감　84

해설 │ 일상의 기록과 마음의 거처　85
　　　│ 조동범(시인)

제1부

12월

난생처음 산동네 사랑의 연탄배달
봉사회 일행들 따라나섰다
숨이 턱밑까지 차오르는 언덕길
연탄 지고 오를 때마다 쿵쾅거리는 심장소리
관절 삐걱거릴 때마다
속으로 오길 잘했단 뿌듯함보다
괜히 왔구나, 후회되는 오후
페인트칠 벗겨진 허름한 대문간 앞에
지팡이 짚고 오도카니 앉아
저무는 노을 쬐는 합죽이 독거노인들
배웅 받으며 옷에, 얼굴에 묻은
연탄 서로서로 닦아주며 산동네 내려가는데
막 발사한 포신(砲身) 같은 녹슨 굴뚝에서
모락모락 연기꽃 피는 것 보며
가슴 한 켠이 따뜻해졌다

문맹 탈출기

노인복지관
늦깎이 학구파 할머니들 모여 앉아
수업시간 기다린다
선생님이 써오라는 숙제 칸 속에
삐뚤빼뚤 쓴 공책 펴놓고
받침 틀렸다, 맞다 옥신각신 다툰다

찬거리 사러 마트 갈 때마다
비싼지 싼지 구분 못해
일단 먹음직스럽다 싶으면 이것저것 주워 담았다가
낭패 보기 일쑤였던 할머니들

복지관 한글학교 다닌 뒤부터
진열대 앞에 붙은 금액
더듬더듬 읽고
찬거리 계산한 후
우수리까지 꼼꼼히 챙긴다

물물교환

그해 겨울
따끈따끈한 시집을 묶었다
그런데 내다팔 곳이 없었다
먼지 뒤집어쓴 시집 바라볼 때마다
아무나 한 권씩 나눠줘버릴까 생각도 했지만
그동안 들인 공이 얼만데 싶어
멀리 떨어져 사는 친구들에게 한 권씩 보내주었다

어촌 사는 친구는
새벽에 출항해서 막 건져 올린
해산물 박스를 보내왔고
두메산골 벗은
아침에 들에 나가 저물 때까지
땀으로 딴 농산물 박스를 보내왔다

그것들 바라볼 때마다
이만하면
시 쓰기 잘했다는 생각이 들었다

복날

복날 기다렸다는 듯
낄낄거리며
다리 밑으로 내려가는 한 사내 손에
개 한 마리 끌려간다
끌려가지 않으려 앞발 뒷발로 버티는
발톱 위에 피가 낭자하다
슬리퍼를 끌며 담배 뻑뻑 태우며
낄낄거리며
다리난간 밑으로
외줄 한 가닥 내려 보낸 뒤
깨갱!
개의 그 짧은 생애(生涯)도 끝이 났다
털가죽 그을린 냄새가
염천(炎天)을 더 뜨겁게 달궜다
짐승이 짐승을 잡아먹고 떠난 강가
널브러진 개뼈다귀 위에
똥파리 떼만 들끓고

본전 생각

싱싱한 제주산 갈치
한 박스 사들고 돌아온 저녁
구이를 할까 아니면 조림을 해먹을까
행복한 고민하며 박스를 뜯자
싱싱한 두세 마리는 미끼로 얹어놓고
밑에는 잔챙이거나 수입산 냉동 갈치다
시내에서 멀리 떨어진 마을 드나드는
뜨내기장사치 상술에 또 속았구나,
분통 터질 노릇이었지만
곰곰이 생각하니 그이 잘못만도 아니다
주위가 어두운 탓도 있었지만
제주산이라는 말에 횡재했네 싶어
꼼꼼히 살피지 못한 내 탓이다
밤이든 낮이든 너를 짓밟아야 내가 산다!
너의 영혼까지 속여야 살아남는다는
무서운 세상을 나는 몰랐다

부유물

해 뜨기 전 안개 자욱한 정류장에서 첫차를 탔다. 새벽잠에 취해 꾸벅꾸벅 졸다가 도착한 건물은 어느 망명정부의 청사처럼 허름했다. 난롯불 앞에 앉아 입을 꾹 다문 채 밤새 젖은 몸을 말렸다. 평생 노가다 판에서 잔뼈가 굵은 날품팔이들은 익숙하게 봉고차에 몸을 실었다. 몇몇은 아침을 굶었는지 등줄기가 철근처럼 휘었다.

삼월이라 해도 아직 쌀쌀했다. 밀린 방세는 콘크리트처럼 굳어 좀처럼 깨지지 않았다. 하루치 일당은 꽃가루처럼 금세 흩어졌다. 부유(浮游)라는 말을 부유(富裕)라는 말로 곱씹어보아도 배는 부르지 않았다. 저녁노을을 콕콕콕 쪼아 먹고도 배가 부른 비둘기가 부러웠다. 방세 없는 둥지로 푸드덕 날아간 비둘기는 더 이상 평화의 상징이 아니었다.

블랙박스

아침에 지하주차장 내려가니
어제는 앞 범퍼 찌익, 긁어놓더니
오늘은 뒤 범퍼 긁어놓았다

지하주차장 CCTV 없냐고요, 웬걸요
구닥다리지만 당연히 있죠
있으면 뭐합니까! 찍힌다 해도
차량번호 식별하기 어렵다는 거,
아파트 사는 운전자들 다 알고 있는 걸요
그들은 그걸 노리는 거죠

혹시나 싶어 경비실 들러
애먼 아저씨 붙잡고 방송해도 묵묵부답
그러니 어떡하랴,
고심 끝에
나도 블랙박스 설치했다

소아마비

또래보다 체구가 왜소한 아이
엄마 손에 이끌려 학교에 간다
한 걸음 두 걸음 내디뎌보지만
앞서 간 친구들과 간격 점점 더 멀어진다
엄마의 발걸음이 더 바쁘다
단번에 자신만 한 아이 번쩍 들쳐 업고 종종걸음 친다
교문 앞에 도착한 아이 어깨에
묵직한 책가방 걸어준다
걸을 때마다 윗몸 구부렸다 일어서는 걸음걸이
어깨에 매달린 책가방이 좌우로 흔들린다
이젠 혼자 갈 수 있겠지,
초조하게 지켜보던 엄마는
아이가 교실로 들어간 뒤에야
비로소 안도의 한숨을 쉰다
턱밑에 차오르는 가쁜 숨 내쉬며
엄마는 부리나케 하굣길 교문 앞에서
두런두런 아이 기다릴 것이다

순수성

 지인들과 둘러앉아 건배 외치며 술잔 주고받다가 갑자기 정치가 엉망이네 썩었네, 서로 삿대질하며 다툰다. 평소 친분 두터운 사이기에 나는 어안이 벙벙했다. 배운 놈이나 못 배운 놈이나 취하면 하나같이 볼썽사나운 꼴불견에 가관이다. 취했어? 왜들 이래? 말리면 그때뿐, 꺼진 모닥불 되살아나듯 급기야 서로 헐뜯고 자존심 싸움으로 번진다. 듣기 민망하고 추악한 말들이 오고간다. 그들이 정당 대변인처럼 보인다. 지역 탓일까 정치 이슈 꺼내면 속내들 극명하게 드러난다. 지금까지 무슨 말, 주고받고 했는지 도통 머릿속이 텅텅 비었다. 말이 많으면 돌아갈 때 챙겨야 할 말보다 버려야 할 말들이 더 많다. 횡설수설하는 지인들 집에 데려다주니 어느덧 자정, 잠자리 드는데 잠이 오지 않는다. 내일 지인들 만나면 하나같이 젠장, 술이 웬수야! 술이 웬수야! 앵무새처럼 술 핑계 대겠지.

스캔들

   이층에 전세 살던 그 여자
   우리 동네로 이사를 왔다

   그녀와 퇴근길에 버스에서 우연히 만나면 누가 먼저랄 것도 없이 중간에 내려 영화 보고 밥 먹고 커피 마시고 온갖 수다 다 들어주며 밤늦게 택시에서 내려 캄캄한 동네길 안내하는 척, 커피 향내 그윽한 가랑잎 위에 어깨 닿을락 말락 나란히 앉아 남자는 다 늑대야 늑대! 이것아! 엄마와 누이처럼 주고받던 얘기 생각나는 밤,

   달빛이 구름 속으로 슬쩍 비켜줄 때
   그녀 입술에 정표 살포시 찍었을 뿐인데
   입방아 찧기 좋아하는 동네 엄마들
   그녀와 내가 처녀 총각이니까
   자식 키우는 부모 눈에는 미덥지 않은가보다
   봐봐, 저 총각 맞지?
   내가 골목 안으로 사라질 때까지
   뒤통수에 대고 쑥덕거렸다

여름밤의 불청객

비릿한 땀이 끈적거리는 여름밤
덜덜거리는 고물 선풍기 바람 쐬며
빤스 차림으로 모기장 안에 벌러덩 눕자마자
저녁 끼닛거리 찾던 모기떼들
물렁물렁한 몸에 사정없이 빨대를 꽂는다
사방에 그물망 촘촘한데
어떻게 이곳을 뚫고 침입했을까
손부채 흔들며 모기떼들 쫓을 때마다
나도 모르게 불쑥불쑥 육두문자(肉頭文字) 튀어나온다
나는 주행성 모기는 야행성
밤새 모기와 쫓고 쫓기다 출근한 낮
자꾸 꾸벅꾸벅 조는 나를 보고
여드름을 훈장처럼 뽐내며 입사한 동기들,
어젯밤 늦둥이 봤구먼 낄낄거리자
아우뻘 되는 동료들 슬쩍 끼어든다
형님 나이가 몇인데 늦둥이 봅니까, 라며
웃음 한방에 더위를 날려버린다

오일장 풍경

털레털레 장터 한 바퀴 돌아보는데
춤이면 춤, 노래면 노래
거기다 시시한 가수, 개그맨보다 더 입담 좋은
품바 엿장수 부부
한바탕 춤판 벌이는 장터 좌판 위에
새벽에 싣고 온 닭, 강아지 꾸벅꾸벅 졸고 있다
구름떼처럼 모여든 장꾼들
허구야 배꼽 잡고 웃는 앞사람 어깨 너머로
깨금발 딛고 서서
짧은 모가지 빼들고 구경하다
하루 두세 번 오지 오가는 버스 놓치고
망연자실
젠장, 막차도 끊기고 인자 우짜모 좋노?
할배, 할매들 발만 동동 구른다

할머니 뵈러 간다

산허리 돌아가는 붉은 노을 등지고 앉아 있을 **할머니 뵈러 간다** 슬쩍 자식들 얘기 꺼내면 이가 없으면 잇몸으로 살지 하시던 **할머니 뵈러 간다** 홍시 한 봉지 사 들고 **할머니 뵈러 간다** 몇 번 불러도 기척이 없는 **할머니 뵈러 간다** 적막을 솜이불처럼 덮고 까무룩 잠든 **할머니 뵈러 간다** 깨울까 말까 망설이다 댓돌 위에 엉덩이 붙이고 앉아 기다리게 하는 **할머니 뵈러 간다** 온 동네 귀뚜라미들만 할머니 집에 다 모여 귀뚤귀뚤 늦가을 밤을 적시는 **할머니 뵈러 간다** 할머니는 없고, 할머니는 없고, **할머니 뵈러 간다**

옥탑방

옥탑방으로 이사한 날 아침
세탁기 소리에 부스스 눈을 떴다

지하 단칸방 살 때는
해가 뜨는지 지는지 몰랐는데

옥탑방에는 해가 살고 있었다

제2부

이심전심

아내가 문갑 위에 마련해둔
축의금 봉투 속 들여다보며
낯 뜨겁게, 조금 더 넣지 그랬어? 했더니
받은 만큼 넣었다 한다

그 시절엔 다 그랬다
허나 축의금도 변천사 따라 변하는 것
혼주와의 친분 생각하며
버겁지만 조금 더 넣는다

이 돈이면 식구들 모두
삼겹살 배부르게 먹을 수 있는데……
봉투 속에 가지런히 넣을 때
손이 부들부들 떨렸다

외식

  갈 곳도 없는 주말 오후
  버스를 내려 고기 굽는 냄새 진동하는 식당가 골목 걸어 집에 가는데 어디서 많이 본 듯한 아이들 갈빗집 환풍기가 혹혹 내뿜는 고소한 향기에 취한 탓일까 번갈아가며 식당 안을 들여다보고 있다 연탄재 들고 나온 주인집 여자가 손에 든 연탄집게로 때릴 듯이 저리 가! 저리 가! 아이들 내쫓는다

  그날 저녁 아이들 불렀다
  너희들 아빠도 없는 거지새끼냐!
  식당 앞에서 껄떡거리게 응!
  또다시 얼쩡대는 거, 눈에 띄면
  그때는 진짜 혼날 줄 알아!
  숙제는 다 했어?
  그럼 가서 씻고 일찍 자!
  호통을 쳤다

  월급날은 아직 멀었는데
  그렇다고 자주 들락거리는 단골 식당이 있나,

하는 수 없이
회사에 몸뚱이 맡기고 가불을 했다

애들아,
아빠 퇴근하거든 갈비 뜯으러 가자

이웃사촌이란 옛말

손꼽아 기다렸다는 듯이
아침에 주인집에서 전화가 왔다
방세 올려주던지 싫으면
집 비우라며 매몰차게 전화를 끊었다

이삿짐이라고 해봐야
트럭 짐칸에 여백 남았다
이삿짐 다 실었겠다, 떠나면 되지만
아내도 나도 발걸음 떨어지지 않아 미적거리는데
운전석에 앉은 기사 아저씨
이러다 날 저물겠네,
구시렁거린다

옛날 옛적에 문밖에 나서면
부모형제 같던 이웃들은
다 어디로 갔을까

자화상

마침내 나는 실업자가 되었다
가뜩이나 살아갈 날 막막한데
툭하면 장모님 앞세운 처가 식구들
나들이하듯 시차를 두고 집에 들이닥친다
돈 벌러 가나 안 가나 면상에 대놓고
돌아가며 한마디씩 깐죽거린다
나도 하루빨리 일하고 싶다,
붙이든 처가 식구든
내가 한 뭉치 돈다발처럼 보였나 싶어 울화통 터진다
추남도 능력 있는 가장은 용서할 수 있지만
미남도 능력 없는 가장은 가차 없이 내치는
무서운 여자들, 여럿 지켜본 나는
어디든 하루빨리 일자리 구해야 할 텐데
이대로 더 무위도식 하면
느닷없이 이혼서류 날아들겠다 싶어
휴대폰에 저장된 인맥들 찾아
집을 나섰다

재테크

동네 지나다니다 보면
다리 밑이나 공원 평상 위에 앉아
장기 두거나 종이컵에 술잔 주고받다가
한 목소리로 언성 높이며
시간 죽이는 아버지들 수두룩하다

자식들에게 몽땅 투자해놓고
나는 말년 걱정 않는다,
온 동네 자랑하고 다니던 아버지들

막상 현역에서 은퇴하고 보니
하나같이 빈털터리
분가한 자식들에게 전화해도 다녀가기는커녕
소식조차 없자 섭섭한 아버지들

생애 최악의 재테크라며 후회했다,
거기다 사별한 아버지들 말벗은 반려견뿐
아니면 TV밖에 없다

주님의 말씀

현관에서 고성소리 들린다
이게 무슨 소린가! 두런두런 밖을 살피니
앞집에 사는 젊은 두 가장
한동안 잠잠해서 좋았다 싶었는데
또다시 층간 소음으로 삿대질하며 다툰다
문을 열고 나가 말리고 싶지만
가끔 층간 소음으로 흉흉한 소문 들리는 무서운 세상
볼록렌즈로 두 가장, 동태 지켜보는데
때마침 하굣길 엘리베이터에서 내린
앞집 초등학교 여학생 남학생 단짝들이 하는 말
―아빠! 싸우지 마세요,
　선생님이 욕하고 싸우는 사람은 나쁜 사람이랬어요
설익은 아이들 몇 마디 말에
하마터면 육박전으로 번질 뻔했는데
아이들 말이라면 껌뻑 죽는 젊은 두 가장
민망한 표정으로 아이들과
각자 집안으로 후다닥 들어갔다

지구는 멸망하지 않는다

해가 뜨려면 아직 이른데
문갑 위 전화벨 계속 울린다
이 시간에 누구지?
아침밥 짓던 아내가 전화를 받는다
이불 속에서 가만 엿듣는데
아내가 수화기 내팽개치듯 내려놓는다
누군데 그래? 응!
둘째, 새벽에 119에 실려가
한 놈도 아니고 쌍둥이 낳았다네
이것들, 사람 잡을 일 있나
어허, 벌 받을 소리한다!
그게 딸자식 키운 어미가 할 소린가!
사돈댁 들으면 어쩌려고 그래?

그래, 아내가 발끈하는 마음 안다
큰아들 장가든 이듬해
우람한 손자 낳은 며느리
출산휴가 끝내고 회사 출근하면

아내가 손자 키워주었다
몇 년 동안 그렇게 살다 겨우 해방됐구나,
좋아했는데 그것도 잠시
딸내미 산후조리라니……
행여라도 쌍둥이 모두 떠맡길까 봐
딸내미 눈치 살피는 오후
퇴근해 집에 오니
아내는 병원에 가고 집에 없다

집안일 돕는다

회사 사정으로 조기 명퇴한 친구
아침에 아내가 돌려놓고 출근한 세탁기 속에
빨래를 꺼내 툴툴 털어 넌다
친구야, 지금 뭐하냐?
직장도 없는 놈팡이 주제
집안일 돕기라도 해야지 어쩌겠어?
히죽거리며 너스레를 떤다
불알 떼어 개나 줘버려라
낄낄거리며 흉을 봤지만
아내와 맞벌이하는 나는
암암리에 친구보다 더 애처가가 되어
틈만 나면 집안일 돕는다

책 읽는 사람

요즘은 밖에 나가든 들어가든
웃을 일 없는 세상에 넌더리난 그는
책을 읽으며 잃어버린 웃음을 되찾았다
그러므로 책 속에 푹 빠진 그는
전철 버스 타고 출퇴근할 때마다
남들은 스마트폰 만지작거릴 때도 책을 읽는다
주말 저녁, 회사 동료들 끼리끼리
회사 근처 주점에 둘러앉아 고주망태 되도록
술잔 주고받으며 노닥거리는 동안
그는 일찍 퇴근해
책갈피 넘기며 밤늦도록 책을 읽는다
얘들아, 아빠 깨워라 아침 먹게
으이그, 책 속에 돈이 나오나 밥이 나오나
국, 찌개 식는데, 책 덮어놓고
빨리 밥 먹지 뭐하고 있어? 상 치워
그럼 후딱 먹어, 설거지해놓고
선착순 세일하는 마트 가게

세태 혹은 세대

버스터미널 안
두세 살쯤 됐을 여자아이
승객들 시선 끌며
춤추듯 아장아장 걸어다닌다

그 모습 너무나 예뻐
다가오면 한번 안아줘야지 하다가
얼마 전, 젊은 여자에게
"아저씨 변태야? 왜 남의 딸내미 끌어안는데?"
승객들 앞에 개망신 당했다던
기억 떠올라
뻗은 손을 거둬들였다

팔은 안으로 굽는다

　형님 내외 애간장 태우더니 그나마 더 늦기 전에 결혼한 조카 탓일까 안부전화 했더니 싱글벙글하신다. 그렇잖아도 아이들 신혼여행 다녀오면 집에서 형제들끼리 저녁 한 끼 먹기로 했다면서 나중에 전화하려던 참이란다.

　밤늦도록 술잔 주고받으며 여흥 즐기다 하나둘 쓰러져 잠든 이튿날 아침, 형수는 일어날 기척도 없는데 갓 시집온 새색시 식사하라며 부른다. 간밤에 과음한 터라 나는 얼큰한 국물 기대했는데 식탁 위에 음식은 전자레인지에 구운 빵 몇 조각과 잼, 우유 한 컵에 계란프라이 울퉁불퉁 깎은 과일 한 접시뿐

　팔은 안으로 굽는다 했던가!
　형님 내외, 역정은커녕 며느리 편드는 바람에
　그날 아침은 쫄쫄 굶었다

폭풍 웃음

저녁상 차리던 아내가 깔깔깔 웃는다
말썽꾸러기 아들놈이 드디어 취직했기 때문이다
직장도 없는 놈팡이 주제
계집애 꿰차고 돌아다니며 연애질 하느라
긁은 카드빚 갚느라 쩔쩔맸다면서
오랜만에 삼겹살과 반주로 소주가 올랐다

자기네 아들, 지방대 출신이라 취직하기 어려울 거라며
비아냥거리던 동네 여편네들 생각하면
그동안 속이 부글부글 끓었는데
보란 듯이 대기업에 취직을 했으니
여편네들, 코가 납작해졌겠다며
저녁 내내
아내가 깔깔깔 웃는다

애창곡

발걸음 빨라지는 퇴근길
횡단보도 앞에 섰는데
건너편 정류장에 집으로 가는 버스가 멈춘다
저 버스 타야
해거름 안에 집에 가는데
신호등 바뀌자마자
횡단보도 가로질러 뛰는데
한걸음 모자라 버스를 놓쳤다
가쁜 숨 몰아쉬며
텅 빈 정류장 서성일 때
신문, 잡지, 교통카드 파는 부스 안에서
나직이 들리는 노래
구둣발로 장단 맞추며 따라 불렀다
30분 만에 올라탄 버스가
변두리를 달릴 때
라디오 애창곡 들으며 가니
하나도 지루하지 않았다

구둣방

새벽밥 먹고 집을 나서는데
구두굽이 다 닳아 걸을 때마다
몸이 좌우로 기우뚱거린다
정류장 근처 구둣방에 갔더니
제 밥그릇 지키려는 구두와
남의 밥그릇 빼앗으려 대들다가
구두에게 짓밟힌 구두들이 나뒹굴고 있다

발로 뛰며 먹고 사는 구두는 굽이 먼저 닳지만
남을 걷어찬 구두는 코가 먼저 닳는다

구두굽 수선하는 동안
전기스토브 앞에
다리 쩌억, 벌리고 앉은 한 사내
사타구니 불알 두 쪽,
노릇노릇 익는다

제3부

로봇

길 걷다보면 우연히
눈에 띄는 돌멩이들 중에
둥근 돌 있는가 하면
모난 돌 있듯이
사람 살아가는 세상 속에도
그곳이 어디든
둥근 돌 모난 돌들이 있다
내가 다니는 직장에도
성품 온화한 동료들이 있는가 하면
몇몇 강경파 노조원들
툭하면 파업한다, 으름장 놓자
회사 관계자들 작심한 듯
산업로봇 투입하기 시작했다
그러자 온건파 노조원들
이러다 로봇에게 일자리 빼앗기면 어떡하지?
지레 겁먹고
저마다 쉬쉬하며 몸 사린다

콩나물시루

성도 이름도 생김새도 다 다른
코흘쩍이 고아원 아이들
아침에 일어나자마자
세면장으로 우르르 몰려가 조막손을 씻는다
외로움을 씻는다
주방에서 아이들 아침밥 푸는 보모
형 누나 언니들 틈날 때마다
번갈아 아이들 살갑게 보살핀다 해도
친부모 형제들 손길만 할까
정(情)에 굶주린 아이들
언제나 눈물 그렁그렁 고여
해맑게 깔깔깔 웃지도 않는다
세상에 태어나자마자 핏덩이로 포대기에 쌓여
고아원에 내맡긴 아이가 있는가 하면
부모들 이혼하는 바람에
어쩔 수 없이 고아원에 머무는 아이도 있다
사람이 그리운 봄날
천둥벌거숭이 겨울 나뭇가지에도

어느덧 연둣빛 싹을 틔우고
마당가에도 야생 꽃송이 흐드러지게 피었다
술래잡기하며 놀던 한 아이
갑자기 아빠, 엄마 얘기 꺼내면
누가 먼저랄 것도 없이 아이들 눈에
그렁그렁 눈물방울 맺힌다

대장정에 오르다

  슈퍼마켓 하는 친구가 한숨 푹푹 내쉰다. 가뜩이나 점포세 공과금 맞추기도 빠듯한데 인근에 초대형 마트들이 들어서는 바람에 이웃들조차 발걸음 끊었단다. 이대로 얼마나 더 버틸지 눈앞이 캄캄하다고 탄식 또 탄식이다. 딱히 도움 줄 형편도 아니어서 친구의 탄식만 한 봉지 싸 들고 무거운 발걸음을 돌렸다.

  그러던 어느 날 친구의 연락을 받고 한달음에 달려갔다. 고향 어촌이라고 했다. 방문을 열면 수십만 평 친구의 푸른 바다가 넘실대고 있었다. 점포세 공과금 한 푼 없는 친구의 바다목장에서 모처럼 기분 좋게 술잔을 기울이다 잠이 들었다. 눈을 떴을 때 친구는 보이지 않고 머리맡에 휘갈겨 쓴 쪽지 낮에 던져 놓은 그물 걷으러 갔다 초저녁에 바다로 출항해 밤새 조업한 고깃배들, 속속 포구로 돌아오고 있었다

개명

　장맛비 오락가락하는 일요일 한낮
　하릴없이 티브이 앞에 앉아 전국노래자랑 보며 집 안에 머물다 친구네 집에 가 파전에 막걸리나 한잔할까 하고 우산 쓰고 집을 나서는데 골목에서 외출하는 친구 딸내미를 만났다 평소 때처럼 이름 부르며 아빠 집에 계시니 했더니 힐끗 돌아보더니 대꾸도 않고 누군가와 통화하며 바쁘게 정류장 쪽으로 걸어간다 고개 갸우뚱거리며 대문으로 들어서는데 선풍기 덜덜덜 돌아가는 거실 바닥에 지친 친구 내외 낮잠에 곯아떨어져 있다

　거실에 엉덩이 걸치고 앉아 깨울까 말까 망설이는데 인기척에 놀란 친구 아내 민망한 듯 헝큰 머리 손질하며 친구를 흔들어 깨운다 선잠에서 깬 친구에게 인사성 밝은 딸내미 얘기했더니 기지개 켜며 하는 말 "할아버지가 지어준 이름, 촌스럽다"며 허구한 날 보채기에 하는 수 없이 개명했단다

다이어트

동네 한 바퀴 돌고 집에 들어서는데
티브이 켜놓고 낮잠 자다 인기척에 놀라 깬 아내
헝큰 머리 단장하며 점심 차릴까 묻는다
벌써 점심때 됐나 싶어
고개 젖혀 벽시계 올려다보며
어차피 먹을 건데 그러자고 했다
먹다 남은 생선 프라이팬에 굽고
거섶은 아이들 외가에서 보내온 고추장 넣고 쓱쓱 비벼
볼때기 미어터지게, 눈알 짜지게
우걱우걱 게걸스럽게 먹고
한 아름에 넘치는 아내와 바람도 쐴 겸 강변으로 갔다
느린 걸음으로 꽃길 한 바퀴 돌아오는 내내
아내는 훌라후프와 사투를 벌이고 있다

저녁을 먹고 침대 위에 누워
연속극 끝나자마자 코 골며 잠든
아내의 푹신푹신한 허벅지, 배때기 위에
다리 처억, 올려놓으면

밤새 불면증에 시달리던 몸도 금세 잠이 스르르 오는데
아내는 짜증난 표정 지으며
다리를 내동댕이친다

독립

군복무 마친 이듬해
밥상머리 앞에서 아들놈
독립 선언했을 때
삼킨 음식물이 목구멍에 걸려
하마터면 질식할 뻔했다

물로 입안을 헹구고 곰곰 생각해보니
이곳에 희망이 있나 미래가 있나
내가 아들놈 뒷바라지할 수 없는 처지라면
세상 돌아가는 경험도 쌓을 겸
이참에 홀로서는 것도 좋겠다 싶었다

빈농에서 태어난 나는
아들보다 더 일찍 독립했으므로
어느 곳에 뿌리내리고 살던
그것은 이제 아들놈 삶일 뿐
나의 역할은 끝났다

메뉴

식당 갈 때마다

비싼 밥값에 비해 맛은 형편없다는 생각이 든다

젊은 농부 한 사람 없는 농촌

집집마다 늙은 육신을 끌고 들에 나가

어스름 땅거미 내려앉을 때까지

한숨소리, 웃음소리 들으며

여름내 무럭무럭 자란 농산물들

정성으로 베고 캐고 딴 신토불이가 아니라

이문 더 남기려

값싼 수입 농산물로 조리한 탓이다

근무시간에 쫓겨 벼락같이 먹고 밥값 지불하며

너무 비싸다 한마디 했더니

짙은 화장으로 미간을 감춘 주인 여자

못마땅한 듯, 대뜸 맞대꾸한다

신토불이 농수산물로 식단 맞추다보면

비싼 임대료, 인건비 빼면

되레 적자라며 너스레를 떤다

맞벌이

며칠 전 문을 연
XX백화점 출입문 앞에
낯익은 정장차림 한 여자
고객들 들고날 때마다
배꼽 아래 양손 가지런히 포갠 채
허리를 굽혔다 세운다
젊은 날 연애시절, 결혼해주면
고생시키지 않을게 큰소리치던 맹세는
급조된 허구임을 깨닫고
얼마나 후회했을까
남몰래 얼마나 울었을까
그때를 생각하면 지금도 울컥한다
그러므로 퇴근한 밤이면
종아리 퉁퉁 부어올랐구나
밤마다 끙끙 앓았구나
그런 줄도 모르고 아침마다
잠 설쳤다 투덜댔구나
다른 집 가장들 월급에 비해

한 달 내내 새벽밥 먹고 출근해도
초라한 월급으로 가계 꾸리자니
비싼 물가, 교육비, 집세 감당하기 어려워
고심 끝에, 맞벌이 시작했구나

무한 사랑

우리 집 수컷 애완견은 나보다 낫다
틈틈이 샴푸로 목욕시켜주지 간식 챙겨주지
아방궁처럼 꾸민 독방 침실에다
아내와 아이들 무한 사랑 독차지한다
그러므로 나는 매일 찬밥 신세다
어쩌다 아내 곁에 슬쩍 앉거나 누울 때마다
애완견은 톱날 같은 송곳니 드러내며 으르렁거린다
종일 공장 소음과 다투는 동안 집에서는
아내와 애완견 둘만의 무한 사랑 주고받았으리라
그러므로 맹목적 복종 강요하지 않아도
서로 따뜻한 눈길 주고받다 보면, 제 스스로
꼬리 흔들며 달려와 덥석 안기는 반면
인간들 사는 세상은 따지는 게 너무 많다
아무리 무한 사랑 해도 한번 수틀리면
상대를 배신하지만, 한번 정든 애완견은 며칠 아니
몇 달 뒤에 만나도 옛정 기억하며
반갑다고 꼬리 흔들며 품에 와락 안긴다

남녘의 겨울

남녘으로 이사한 그해 겨울
탁상시계 벨소리에 부스스 일어나
어둠에 뒤덮인 창밖 두런두런 살피니
천지가 온통 폭설에 파묻혔다
한겨울에도 남녘에는 좀처럼
폭설 내리는 날 드물다 들었는데
지금도 간간이 눈발 흩날리는 미끄러운 골목
낙상할까 더듬거리며 출근하는데
나보다 먼저 새벽밥 먹고 출근한 가장
발자국 위에 발자국 포개 걸으며
일터로 가는 버스 타러 정류장 가는 길
눈길 발길 닿는 곳마다
나도 무아지경에 빠져드는데
티끌 하나 없는 순백의 눈길 위에
발자국 흔적 남기며 까르르, 까르르 웃는
등굣길 아이들은 얼마나 설렐까
얼마나 많은 추억 만들까

집시들

도로 하나를 사이에 두고
천국과 지옥으로 나눠진 마을이 있다
그날도 여느 때처럼 그 동네 앞을 지나가다가
눈앞에 펼쳐진 처참한 광경에 경악했다
저이들 팔 할은 원주민이 아니라
오갈 데 없는 집시들
하나둘 국유지 위에 무허가 집 짓고 살았는데
길 건너 천국으로 입주한 아파트 주민들
집값 떨어지게 사유지 아닌 국유지 무단 점유한
혐오시설 왜 차일피일 미룹니까
입에 거품 물고 들이닥쳐 민원을 제기했다
냉혈동물 같은 철거용역 패거리들
노인이든 부녀자든 아이든 따지지 않고
불쌍한 집시들 내쫓기 시작했다
포클레인 무쇠팔 한방에 집시들 보금자리
뿌연 흙먼지와 함께 풀썩풀썩 주저앉았다
퇴근길에 다시 그 앞을 지나가다 보니
동네 하나가 흔적도 없이 사라진

빈 집터 위에
개, 고양이들 웅크리고 앉아 있다

용접공

가진 것 없고
배운 것 없는 촌놈에게
용접 일은 천직이었다

용접봉 하나로
벽촌 부모님께 효도하고
집안을 일으켜 세웠을 뿐만 아니라
자식들 다 공부시켰고
먹고 사고 여행 가고 싶을 때마다
허리띠 더 졸라맨 끝에
서민 아파트 한 채를 장만했다

쉬는 날이면 동네를 돌며
쇠와 쇠붙이 이어 붙이듯
담장 하나를 사이에 두고
이웃 간에 끊긴 정(情)도 척척 이어 붙이는
가교 역할을 한다

그래도 해는 뜬다

도심에 땅거미 내려앉으면 불야성 속으로 우르르 쏟아져 나온 수많은 인파 틈바구니 속에 끼어 밤거리 거닐던 젊은 여인들 시간 가는 줄 모른 채 끼리끼리 주점에 둘러앉아 술잔 주고받는다

막차 끊기기 전에 집으로 가야 한다
아스팔트 위에 퍼질러 앉아 토악질하는 여자의 등을
토닥토닥 두드려주는 남자

무작정 뛰어드는 취객들에 놀라 뒤따르던 차량들 끼이익, 끼익, 브레이크 밟는 운전자들, 놀란 가슴 쓸어내리며 개새끼들, 죽고 싶어 환장했어! 취객들 향해, 온갖 욕지거리 퍼붓는다 경광등 켜고 으슥한 밤거리 순찰 중인 파수꾼 눈초리 피해 먹잇감 찾아 배회하는 사악한 눈들이 밤새 취객들 노리고 있다

갑과 을

동네 슈퍼마켓 평상 위에 둘러앉아
술잔 주거니 받거니 하다가 얼큰하게 취한 그가
맞은편 친구 면전에 대고 삿대질하며
듣기 민망한 욕지거리 퍼붓는다
옹졸한 나 같으면 자리 박차고 일어서던가 아니면
멱살잡이라도 했을 텐데
친구는 별일 아니라는 듯 파안대소한다
당황한 나는 두 사람 미간 훔쳐보며 속으로
둘 사이에, 해묵은 앙금 쌓인 게 있나 아니면
주사로 인한 해프닝인가 의아해했다
며칠 후, 퇴근길에 만난 친구와 국밥집에 앉아
그날 왜 그랬어? 넌지시 묻자
그가 식구들 밥줄 틀어쥐고 있다는 얘기 듣고
손에 든 술잔 부들부들 떨렸다

제4부

아픈 손가락

바쁜 일상 속에서도
노모 혼자 계시는 생가에 들러
어디 손볼 곳 없나
구석구석 살핀 다음날

신작로 버스 타러 가는 날
퀭한 눈으로 안쓰럽게 바라보시더니
여태껏 앞가림도 못하고 살면
죽어도 편히 눈도 못 감을 텐데
마당 꺼져라 한숨짓는 노모

내가 올라탄 오지 버스가
굽이굽이 산모롱이 휘감고 돌아
눈앞에 보이지 않을 때까지
대문 앞에 나와 계신다

가장의 자리

　아버지는 존경받는 가장이 아니라 읍내 기생집 노름판 들락거리며 가족들 괴롭히던 주정뱅이셨다 술값 노름밑천 떨어질 때면 갈걷이한 농산물 자루 차곡차곡 싣고 읍내 장에 나갔다가 이튿날 아침 떼꾼한 눈으로 돌아와 고사목(枯死木) 쓰러지듯 아랫목에 지친 몸을 뉘셨다 지난밤 담배연기 자욱한 골방 방바닥 위에 화투장 내리칠 때마다 희비 엇갈린 모습으로 돌아온 아버지가 얄미운 아침 앞산에 해가 뜨자 빨랫감 챙겨 나오시던 어머니 아버지 감기 드실라 이불 덮어드리라며 찔레넝쿨, 칡넝쿨 우거진 개울가 빨래터 가시면 형과 티격태격 싸우다 들어선 안방 드르렁드르렁 코 골며 잠든 아버지 몸에 술 냄새 니코틴 냄새 진동했다

　저녁 상머리 눈치 살피던 어머니 서리 내리기 전 갈걷이 끝내야 하는데 해도 밥숟갈 놓자마자 또다시 집을 나서는 아버지 뒤통수에 대고 탄식 퍼붓는다 술집 노름판 들락거리며 가족들 생명줄 같은 전답 팔아먹고 간경화로 투병하시던 이듬해 가족들 원성 속에 生을 마감했다 가장 잃은 슬픔보다 당장 생계 막막한 어머니 낮에는 남의 논밭일 하시며 밤에는 호롱불 앞에 밤늦도

록 눈 비비며 삯바느질 하시는 어머니 곁에 배 깔고 누워 숙제할 때 슬며시 촛불 켜들고 부엌에 다녀오신 어머니 가마솥에 쪄놓은 고구마, 동치미 갖다 먹이며 자식들 허기질까 봐 전전긍긍하셨다

  아버지 돌아가신 탓일까
  동네 아저씨 아줌마들뿐만 아니라
  아버지 없다고 깔보는 친구들과 싸움도 자주했다
  수십 년 흐른 지금에야 돌이켜보니
  가장의 자리, 지키기만 해도
  든든한 때가 있었다

각혈

가족들 둘러앉은 아침 상머리
책값 기성회비 수학여행 얘기 꺼내면
나 몰라라 하는 아버지 앞에
책가방 휙 내던지고 마당에 서서 울며 버티자
지게작대기 휘두르는 아버지
사립문 앞에서 훌쩍훌쩍 울고 있는데
동네 한 바퀴 돌고 오신 어머니
사내놈이 울긴 왜 울어, 혼내시며
팔짱 낀 겨드랑이 주먹 속에서
꼬깃꼬깃 말아 쥔 돈 건네주셨다
그 돈은
학교 다니는 동안 친구네 엄마,
아버지 앞에 각혈 토하듯 머리 조아리며
빌린 돈이란 것을 그때는 몰랐는데
오랜만에 동창생 모임에 참석한
불알친구들에게 구구절절 얘기를 듣고
저녁내 가슴 먹먹했다

맏이

맏이를 더 챙기던 시절이 있었다
밥상머리 앞에서 맏이에게
고기반찬 더 챙기던 부모님이 미웠다
차남으로 태어난 것이 억울했다
똑같은 자식들인데 맏이와
너무 편애하는 것 같아 대들면
그때마다 추상같은 아버지 불호령도 서러운데
믿었던 엄마마저 맏이 역성든다
이것들아!
맏이는 우리 집 기둥이야 기둥!
눈총 주면서 장작불 위에
노릇노릇 맛나게 구운 생선살 발라
맏이 밥숟가락 위에 얹어주면
양볼 터지게 먹는 거 보면 눈물 나는데
엄마는 빨리 먹어라 구박한다
수십여 년, 세월 흐른 지금도
아이들과 밥상머리 앉을 때마다
문득문득 그 시절 생각난다

이상한 고향

지도에도 없는 그곳 찾아가는데 한나절 걸렸다
그곳에 쌓인 것들, 문득문득 생각날 때마다
기억 속에서 깡그리, 깡그리 다 지워버리고 싶었다
집에서 얼라 낳다 혼절한 채 세상 뜬 산모 영혼이
새벽녘까지 동네 휘젓고 돌아다니며
아가야, 아가야 흐느껴 울던 그곳
뒷산 차디찬 땅속에 여편네 묻고 돌아서던 사내
눈앞에 현실 믿어지지 않는다는 듯
묏등 쓰다듬고 어루만지며
가난이 죄여, 가난이 죄여
우렛소리로 꺼이꺼이 울던 그곳
해가 지면 어른이든 아이든 바깥출입 꺼리던 그곳
한 사람 겨우 빠져나갈 골목 지나갈 때
사립문 앞에 미라처럼 넋 놓고 앉은 노파에게
마을에 대해 이러쿵저러쿵 물어보면
이제는 눈도 귀도 슬어, 동문서답(東問西答)하는 그곳
평생 흙에 기대어 살다 그마저 힘에 겨운 촌부들
정부보조금으로 근근이 연명(延命)하는 그곳

잊어버리기 위해 한 병이 두 병, 두 병이 세 병
고주망태 되도록 퍼마시고 깨면
또다시 아스라이 그리운 그곳

내 유년의 뜨락

한번 집을 나섰다 하면 식구들 먹는지 굶는지 안중에도 없는 아버지는 무능한 가장이었다. 집안 식구 누구도 아버지 신상을 입 밖에 꺼내지 않았다. 그러던 어느 날 기생집, 노름판 들락거릴 밑천 떨어졌는지 해거름에 집에 들른 아버지. 저녁상 물리자마자 어머니 붙잡고 당장 돈 가져오라며 자식들 보는 앞에 손찌검한다.

"왜 때려! 왜 때려!" 나는 눈에 불을 켜고 아버지에게 대들었다. "내가 그동안 범새끼를 키웠구나." 하며 발길질, 주먹질도 모자라 나가 죽으라며 아버지에게 내쫓긴 밤.

됫병 술 다 비우고 겨우 잠에 곯아떨어진 후에야 "둘째야, 둘째야!" 캄캄한 골목 미친 듯이 두리번거리는 엄마 품에 와락! 안기어 엉엉 울었던 내 유년의 뜨락.

보릿고개

하루 종일 굶어 발걸음 내딛기조차 힘든 하굣길이었다

떼꾼한 눈으로 집에 들어서면
누리끼리한 박 바가지 속에 나물 듬뿍 넣고 쓱쓱 비벼주던
어머니의 꽁보리 비빔밥

몇 숟갈 떴을 뿐인데
혼자 먹겠다고 돌아앉는 형
오른쪽 왼쪽 어깨 너머로 모가지 빼들고
한입만 응! 형, 한입만 응!
울먹이며 매달리다가
꺼져! 안 꺼져 새끼야!
비빔밥 우겨넣던 숟가락으로 때릴 듯 째려본다
겁에 질려 움찔거리면서도
두 눈은 자꾸
바가지 속으로 향하고

서울도 평양도 울었다

낮이나 밤이나 생이별한
북녘 부모 만날 꿈꾸며 살았건만
이제 다 틀렸다 틀렸어
체념하고 살던 그해
몇 년 동안 중단한 이산가족 상봉
한시적으로 재개한다는 TV 뉴스를 보며
이번에는 소원 풀어야 할 텐데
눈시울 붉히는 백발의 실향민
그동안 장롱 속에 먼지 뒤집어쓴 목록들
칸 속에 꼼꼼히 적어 제출한 후
밤잠 설치며 기다렸는데,
추첨에서 탈락한 충격 탓일까
두문불출하는 아버지 딱해 보였는지
아들, 며느리 한마디씩 건넨다
─그런 소리 마라
　언제 저승문턱 넘을지 모르는데……
낙담하시는 시아버지 위로해 드릴 겸
시장 다녀온 며느리

정성껏 술상 차리는 효심(孝心) 탓일까
거나하게 취한 밤
망향가 흥얼거리시더니
아들 부축 받으며 잠자리에 든다

부부

이승을 도망치듯이
아버지, 세상 뜬 그해
주정뱅이, 노름꾼, 욕쟁이……
잘 뒈졌다, 하며
화장터 공터에 모인 자식들
덩실덩실 춤출 때
불구덩이 앞에 한 여인
서럽게 흐느껴 운다

대동여지도

친구도 나도 빈농 아들로 태어났다
배움도 먹고 살기도 막막한 벽촌
나는 일찌감치 살길 찾아 도시로 왔지만
거대한 도시는 이미
자신들 밥그릇 지키거나 차지하기 위해
서로가 서로를 물어뜯는 투견장이었다
치열한 약육강식
그 틈바구니 속에서 살아남기 위해
밤낮으로 생존경쟁 하는 동안
친구는 초지일관 고향땅 지키며
흙속에 파묻혀 살았다
지금도 내가 알고 있는 친구는
객지에 사는 아들딸 결혼식이나
꼭 챙겨야 할 문상(問喪) 이외에는
백리 밖 나서지 않았다
그렇게 친구는
동네 가가호호 궂은일 맡아보는
장수 이장도 맡고 있다

업보

이웃집에 홀로 사시는
할머니 집 앞을 걸어가는데
평소 때처럼 가족 같은 강아지와
대문간 앞에 나앉은 할머니
만날 때마다 자식 대하듯이 살갑게 맞아주시더니
오늘따라 표정이 어둡다
곁에 서서 꼬치꼬치 물었더니
치매 초기라는 의사의 말에
웃음도 잃고 하루를 보내고 있단다
툇마루에 둘러앉아 술잔 기울이는 자식들
서로 어머니 모시네, 못 모시네
볼썽사나운 고성 소리가 담장을 넘더란다
집에 자식들 왔어요? 물었더니
참았던 가래침 내뱉듯이 한마디 하신다
이게 다 자식들 잘못 키운
당신 업보라며 말끝 흐리신다
그곳이 生의 마지막 길이라는 걸 뻔히 알면서
하루는 자식들 며느리 다 불러다놓고

혼자 우두커니 사느니
차라리 요양원에 데려다 달라고 하셨단다

그리고 며칠 뒤,
아들 자가용 타고 할머니 골목 떠나시고
다시는 뵙지 못했다

로드킬

징글징글하게 무겁고 습한 여름이 지나자
화단에 꽃을 가꿔 깔끔하게 단장한 팔차선 도로
건너편에서 검은 물체 하나가 빠르게 달려든다
힘껏 브레이크 당겼으나 차를 세우지 못했다

차체에 부딪친 둔탁한 소리가 핸들에 전달되는 순간
온몸에 으스스 소름이 돋는 전율
룸미러를 보니
스키드마크 선명한 도로 한가운데
갈색 털목도리 비슷한 것이 떨어져 있다

도로 하나를 사이에 두고,
한 끼 허기진 배를 채우기 위해
부자들 모여 사는 깨끗한 골목보다
서민들 즐겨 찾는 식당 골목으로 가기 위해
무작정 도로로 뛰어들었으리라

털 날린다, 시끄럽다 층간 호적수

그와 티격태격하는 이웃들도 있겠지만 그보다
경제적으로 어려움에 직면한 이들이
아무런 죄의식 없이 함부로 동물을 유기하는 바람에
이곳저곳 떠돌다 죽임을 당했으리라

그래도 성욕은 참을 수 없는지 으슥한 골목
종족 번식을 위해 흘레붙는 놈이 있는가 하면
만삭인 놈은 순산할 보금자리 찾아다닌다

모멸감

일 년에 한번
부부 동반 모임 갔다가
돌아오는 차 안에서
다른 집 가장들에 비해
폼이 어쩌고저쩌고
미간 찡그리며 투덜거린다.

그러거나 말거나
셋방살이 벗어날 때까지
낡은 양복 입고
상갓집, 예식장 간다.

해설

일상의 기록과 마음의 거처

조동범 시인

    일상은 어디로부터 오는가. 그리하여 일상은 우리 삶의 어느 부분을 호명하며 시적 감각을 환기하고자 하는가. 일상은 우리 앞에 펼쳐진 삶의 평범한 지점이면서 동시에 특별하게 조직된 시적 국면이다. 따라서 일상은 사적인 영역으로부터 비롯된 것이지만, 그것은 어느새 공적인 세계를 만들어내기에 이른다. 시인은 일상을 통해 삶이 지닌 의미를 파악하고 해석하려고 한다. 아무것도 아닌 일상에 주목하고자 하는 시인의 시선은 어느새 그 무엇이 되어 의미화한 일상을 응시하게 된다.

    김성렬 시인은 자신의 삶 주변에 펼쳐진 일상성에 주목하여 시적 감각과 국면을 구체화하려고 노력한다. 그에게 일상은 치열한 삶의 현장이지만, 그것은 언제나 사소한 사건을 동반하며 우리 앞에 모습을 드러낸다. 그러나 그러한 사소함이 아무것도 아닌 것임에도 불구하고, 사소함의 가운데 내재한 삶의 모습은 아무것도 아닐 수 있는 우리 삶의 비애를 처연하게 재현하게 된다.

근대 이후에 탄생한 일상은 원래 의미화되지 않은, 무가치하고 무의미한 삶의 조각을 의미한다. 따라서 일상은 삶의 영역 안에서 가치를 지니기 힘든 것일 수밖에 없는 것이다. 앙리 르페브르의 말처럼 근대 이전의 그 모든 삶의 국면이 '양식'을 지니고 있는 것이었다면, 근대 이후의 삶은 일상화를 통해 가치와 의미를 잃어버리게 된 것이다. 그런 점에서 김성렬 시인이 드러내고 있는 삶의 모습은 일상의 지점에 놓인 것이라기보다, 가치와 의미로 전이되는 지점에 자리 잡은 것이라고 할 수 있다.

김성렬 시인은 사소한 삶의 지점을 포착함으로써 삶의 비애를 드러내려고 하며, 반성적 자기 고백을 통해 시적 의미를 개진하고자 한다. 그의 시적 언어가 직설적 화법에 기대는 경우가 많은 것도 바로 이와 같은 시적 태도 때문이다. 시인은 언제나 사적 담화의 양상을 드러내려고 하는데, 이렇게 등장한 사적 담화의 양상은 사적 영역을 넘음으로써 사적 담화의 한계를 극복하고자 한다. 그리하여 그것은 어느새 공적 담화의 주제 의식을 환기하며 시적 지평을 넓혀 나간다. 김성열 시인 역시 사적 담화를 선택함으로써 공적 영역으로 환기될 수 있는 깊이와 의미를 담아내고자 한다.

복날 기다렸다는 듯
낄낄거리며
다리 밑으로 내려가는 한 사내 손에
개 한 마리 끌려간다
끌려가지 않으려 앞발 뒷발로 버티는
발톱 위에 피가 낭자하다
슬리퍼를 끌며 담배 뻑뻑 태우며
낄낄거리며
다리난간 밑으로
외줄 한 가닥 내려 보낸 뒤
깨갱!
개의 그 짧은 생애(生涯)도 끝이 났다
털가죽 그을린 냄새가
염천(炎天)을 더 뜨겁게 달궜다
짐승이 짐승을 잡아먹고 떠난 강가
널브러진 개뼈다귀 위에
똥파리 떼만 들끓고

―「복날」 전문

  어쩌면 시인이 보여주고자 하는 일상의 모습은 「복날」에서 와 같은, 우리 삶의 비극과 비애의 모습일 것이다. 물론 「복날」 은 여타의 작품들에 비해 더욱 강한 비극성을 지니고 있다. 이 시에는 죽음에 이른 개의 모습과 그런 개를 죽음에 이르게 한

자가 동시에 등장한다. 개가 현재 처한 상황 속에서 죽음은 피할 수 없는 것이다. 그리고 그러한 죽음을 앞에 두고 사람들은 담배를 피우며 낄낄거리고 있다. 삶과 죽음은 다를 바 없는 것이기도 하지만 이처럼 서로 다른 입장이 되어, 죽음을 아무것도 아닌 것으로 만들어버리기도 한다. 다리 난간에 매달린 삶의 마지막처럼 삶은 허무하고 부질없다고 시인은 말하고 싶은 것이다. 모든 삶이 끝난 이후에 남게 되는 것은 "짐승이 짐승을 잡아먹고 떠난 강가" 위에 "널브러진 개뼈다귀"와도 같은 것이다. 그리하여 그곳에는 아무렇지도 않게 "똥파리 떼만 들끓"는 것이다. 그리고 이와 같은 삶의 비루한 일상성에 대한 시인의 시선은 다음의 시에서도 여실히 드러난다.

해 뜨기 전 안개 자욱한 정류장에서 첫차를 탔다. 새벽잠에 취해 꾸벅꾸벅 졸다가 도착한 건물은 어느 망명정부의 청사처럼 허름했다. 난롯불 앞에 앉아 입을 꾹 다문 채 밤새 젖은 몸을 말렸다. 평생 노가다 판에서 잔뼈가 굵은 날품팔이들은 익숙하게 봉고차에 몸을 실었다. 몇몇은 아침을 굶었는지 등줄기가 철근처럼 휘었다.

삼월이라 해도 아직 쌀쌀했다. 밀린 방세는 콘크리트처럼 굳어 좀처럼 깨지지 않았다. 하루치 일당은 꽃가루처럼 금세 흩어졌다. 부유(浮游)라는 말을 부유(富裕)라는 말로 곱씹어보아도 배는 부르지 않았다. 저녁노을을 콕콕콕 쪼아

먹고도 배가 부른 비둘기가 부러웠다. 방세 없는 둥지로 푸
드덕 날아간 비둘기는 더 이상 평화의 상징이 아니었다.

—「부유물」 전문

여기 날품을 파는, 삶에 지친 자들의 일상이 있다. 그들은 첫차를 타고 자신을 팔기 위해 새벽 인력시장으로 향하지만 그들이 도착한 곳은 "어느 망명정부의 청사처럼 허름"한 곳이다. 그리고 마치 그들의 삶처럼 비루하게 새벽을 견디다 "평생 노가다판에서 잔뼈가 굵은 날품팔이들은 익숙하게 봉고차에 몸을 실"은 채 하루의 일터로 향하고 있다. 하루치의 일당을 벌 수 있게 된 그들이지만 정작 그들의 등줄기는 철근처럼 휘어 있고 그것은 쉽게 펴지지 않는다. 시인은 이처럼 고단한 우리 이웃들의 삶을 조망하여 우리 삶 속에 자리 잡은 고단한 삶의 비루함을 제시하고자 한다. 그럼으로써 시인이 제시한 풍경은 우리 삶이 내포하고 있는 고단함의 보편적 감각을 펼쳐보이게 되는 것이다.

시인이 포착하고자 하는 시적 국면은 일반적으로 독자들의 감수성을 충분히 자극할 수 있는 소재라는 점에서 익숙하게 보아온 것이다. 그러나 그러한 익숙함은 진부함보다는 정서적 울림이라는 측면에서 독자들의 마음을 사로잡는다. 그 이유는 시인이 응시하는 시선과 관련이 있다. 시적 대상을 바라보는 시인의 시선은 대상과의 거리를 유지하려는 태도를 견지하고 있는데, 이러한 면모를 통해 시적 대상은 적절한 거리를 통해 객

관적 감각의 세계로 나아가게 되는 것이다. 「부유물」의 경우에도 날품을 파는 노동자의 삶은 적절한 거리를 지닌 비애와 슬픔의 감각을 환기하며 독자들의 정서에 상흔과도 같은 울림을 전달하게 된다.

   동네 한 바퀴 돌고 집에 들어서는데
   티브이 켜놓고 낮잠 자다 인기척에 놀라 깬 아내
   헝큰 머리단장하며 점심 차릴까 묻는다
   벌써 점심때 됐나 싶어
   고개 젖혀 벽시계 올려다보며
   어차피 먹을 건데 그러자고 했다
   먹다 남은 생선 프라이팬에 굽고
   거섶은 아이들 외가에서 보내온 고추장 넣고 쓱쓱 비벼
   볼때기 미어터지게, 눈알 짜지게
   우걱우걱 게걸스럽게 먹고
   한 아름에 넘치는 아내와 바람도 쐴 겸 강변으로 갔다
   느린 걸음으로 꽃길 한 바퀴 돌아오는 내내
   아내는 훌라후프와 사투를 벌이고 있다

   저녁을 먹고 침대 위에 누워
   연속극 끝나자마자 코 골며 잠든
   아내의 푹신푹신한 허벅지, 배때기 위에
   다리 처억, 올려놓으면

밤새 불면증에 시달리던 몸도 금세 잠이 스르르 오는데
　　　아내는 짜증난 표정 지으며
　　　다리를 내동댕이친다
　　　　　　　　　　　　　　　　　—「다이어트」 전문

　가족은 시적 국면을 이루는 중요한 소재이다. 가족의 이야기는 개인적 국면이라는 점에서 시인의 내면과 깊은 연관을 맺기 때문에 개성적인 감각과 감동을 전달하게 된다. 하지만 이와 같은 개인적 서사는 개인의 문제에 그치지 않고 공적인 시의 세계로 진입함으로써 독자들의 공감과 감동을 이끌어내게 되는 것이다. 「다이어트」의 경우에 주요하게 등장하는 개인적 삶의 일상적 풍경을 재현한 것인데, 아무것도 아닐 수 있는 일상의 모습은 어느새 삶의 중요한 지점을 호명하며 삶의 본질을 떠올리게 한다. 김성렬 시의 일상이 매력적인 이유가 바로 여기에 있다. 오히려 아무것도 아닐 수 있는 국면을 제시하여 삶의 본질을 파악함으로써, 삶이 지니고 있는 무상의 감각을 적극적으로 수용할 수 있게 되기 때문이다. 그리고 이와 같은, 일상적 삶의 풍경이 전달하는 잔잔한 파장은 이 시집 전반을 관통하며 하나의 세계를 구축한다.

　　　남녘으로 이사한 그해 겨울
　　　탁상시계 벨소리에 부스스 일어나

어둠에 뒤덮인 창밖 두런두런 살피니
천지가 온통 폭설에 파묻혔다
한겨울에도 남녘에는 좀처럼
폭설 내리는 날 드물다 들었는데
지금도 간간이 눈발 흩날리는 미끄러운 골목
낙상할까 더듬거리며 출근하는데
나보다 먼저 새벽밥 먹고 출근한 가장
발자국 위에 발자국 포개 걸으며
일터로 가는 버스 타러 정류장 가는 길
눈길 발길 닿는 곳마다
나도 무아지경에 빠져드는데
티끌 하나 없는 순백의 눈길 위에
발자국 흔적 남기며 까르르, 까르르 웃는
등굣길 아이들은 얼마나 설렐까
얼마나 많은 추억 만들까

―「남녘의 겨울」 전문

  낯선 곳으로 이사한 곳에서 시인은 폭설을 바라보게 되고, "나보자 먼저 새벽밥 먹고 출근한" 어느 가장의 발자국을 바라본다. 시간은 마치 정지한 것과 같고, 고요한 새벽 창가에 서서 시인은 고요의 감각이 전달하는 순백의 그 어떤 깨끗함과 맞닿아 있는 것이다. 일상의 모든 국면을 시적인 것으로 치환하고자 하는 시인의 노력은 사소한 삶의 순간을 시적 의미의 순간으로 만들고자 한다. 그리하여 시인의 삶은 매순간 시적 순간을 드러내기를 꿈꾼다.

  앞서 말한 바와 같이 가족에 대한 이야기는 시의 중요한 소재이다. 김성렬 시인의 작품 역시 가족은 시의 중요한 국면이 되어 시집 전반을 관통한다. 특히 아버지와 어머니에 대한 시적 국면은 시뿐만 아니라 문학 전반에 걸쳐 중요한 소재로 빈번하게 등장한다. 그것은 과거에 대한 기억이며 복원하고 싶은 과거이다. 다만 이때 아버지와 어머니에 대한 양상은 사뭇 다르게 나타나는데, 어머니에 대한 그것이 회귀하고 싶은 따뜻함과 긍정의 세계라면 아버지의 세계는 대체적으로 부정적인 것들이 많다. 아버지는 대체적으로 폭력이나 부조리의 측면에서 다루어지는 경우가 많다. 그런 점에서 김성렬의 작품 역시 아버지의 세계를 부정적 측면에서 조망하고 있다.

    바쁜 일상 속에서도
    노모 혼자 계시는 생가에 들러
    어디 손볼 곳 없나
    구석구석 살핀 다음날

    신작로 버스 타러 가는 날
    퀭한 눈으로 안쓰럽게 바라보시더니
    여태껏 앞가림도 못하고 살면

죽어도 편히 눈도 못 감을 텐데
마당 꺼져라 한숨짓는 노모

내가 올라탄 오지 버스가
굽이굽이 산모롱이 휘감고 돌아
눈앞에 보이지 않을 때까지
대문 앞에 나와 계신다

—「아픈 손가락」 전문

아버지는 존경받는 가장이 아니라 읍내 기생집 노름판 들락거리며 가족들 괴롭히던 주정뱅이였다 술값 노름밑천 떨어질 때면 갈걷이한 농산물 자루 차곡차곡 싣고 읍내 장에 나갔다가 이튿날 아침 떼꾼한 눈으로 돌아와 고사목(枯死木) 쓰러지듯 아랫목에 지친 몸을 뉘셨다 지난밤 담배연기 자욱한 골방 방바닥 위에 화투장 내리칠 때마다 희비 엇갈린 모습으로 돌아온 아버지가 얄미운 아침 앞산에 해가 뜨자 빨랫감 챙겨 나오시던 어머니 아버지 감기 드실라 이불 덮어드리라며 찔레넝쿨, 칡넝쿨 우거진 개울가 빨래터 가시면 형과 티격태격 싸우다 들어선 안방 드르렁드르렁 코 골며 잠든 아버지 몸에 술 냄새 니코틴 냄새 진동했다

저녁 상머리 눈치 살피던 어머니 서리 내리기 전 갈걷이 끝내야 하는데 해도 밥숟갈 놓자마자 또다시 집을 나서는

아버지 뒤통수에 대고 탄식 퍼붓는다 술집 노름판 들락거리며 가족들 생명줄 같은 전답 팔아먹고 간경화로 투병하시던 이듬해 가족들 원성 속에 生을 마감했다 가장 잃은 슬픔보다 당장 생계 막막한 어머니 낮에는 남의 논밭일 하시며 밤에는 호롱불 앞에 밤늦도록 눈 비비며 삯바느질 하시는 어머니 곁에 배 깔고 누워 숙제할 때 슬며시 촛불 켜들고 부엌에 다녀오신 어머니 가마솥에 쪄놓은 고구마, 동치미 갖다 먹이며 자식들 허기질까 봐 전전긍긍하셨다

―「가장의 자리」 부분

어머니는 고통을 견디며 신산스런 삶을 이어가는 자이다. 그것은 끊임없는 인내이며 고통이며 그리움의 감정이 복합적으로 작용하는 것이라고 할 수 있다. 그리고 그러한 어머니를 바라보는 시적 화자의 감정은 연민과 감사의 측면이 복합적인 것일 수밖에 없다. 반면 아버지에 대한 기억은 폭력적인 그 무엇과 맞닿아 있다. 이와 같은 아버지에 대한 기억은 한국문학의 보편적 양상이기도 한데, 그것이 보편적 양상을 보여주고 있는 것이기는 하지만 이때의 보편적 양상은 개인 서사와 연결되면서 개성적 감각을 견지할 수 있게 된다. 「가장의 자리」 역시 불우한 가족사의 보편적 양상을 보여주고 있는 듯싶지만, 시인의 개인사가 결합된 국면이라는 점에서 독자적인 감수성을 부여받게 되는 것이다. 그리하여 바로 그 지점으로부터 김성렬 시

의 개성이 드러나게 된다. 김성렬 시인은 개인사를 통해 자신의 시적 세계를 구축하고 완성하기를 희망한다. 그만큼 그에게 개인적 삶의 국면과 일상은 중요한 시적 자산일 수밖에 없는 것이다. 그리하여 그는 이와 같은 가족에 대한 시적 국면을 과거의 기억 전반으로 확장시키고자 한다.

> 지도에도 없는 그곳 찾아가는데 한나절 걸렸다
> 그곳에 쌓인 것들, 문득문득 생각날 때마다
> 기억 속에서 깡그리, 깡그리 다 지워버리고 싶었다
> 집에서 얼라 낳다 혼절한 채 세상 뜬 산모 영혼이
> 새벽녘까지 동네 휘젓고 돌아다니며
> 아가야, 아가야 흐느껴 울던 그곳
> 뒷산 차디찬 땅속에 여편네 묻고 돌아서던 사내
> 눈앞에 현실 믿어지지 않는다는 듯
> 묏등 쓰다듬고 어루만지며
> 가난이 죄여, 가난이 죄여
> 우렛소리로 꺼이꺼이 울던 그곳
> 해가 지면 어른이든 아이든 바깥출입 꺼리던 그곳
> 한사람 겨우 지나다니는 골목 지나갈 때
> 사립문 앞에 미라처럼 넋 놓고 앉은 노파에게
> 마을에 대해 이러쿵저러쿵 물어보면
> 이제는 눈도 귀도 슬어, 동문서답(東問西答)하는 그곳
> 평생 흙에 기대어 살다 그마저 힘에 겨운 촌부들

> 정부보조금으로 근근이 연명(延命)하는 그곳
> 잊어버리기 위해 한 병이 두 병, 두 병이 세 병
> 고주망태 되도록 퍼마시고 깨면
> 또다시 아스라이 그리운 그곳
>
> ―「이상한 고향」 전문

　김성렬 시인의 시는 일상이라는 현실로부터 과거로 잠입하게 되고 그곳에서 아버지와 어머니의 세계를 만나게 된다. 그리고 이러한 아버지와 어머니의 세계는 유년 전반을 제시함으로써 과거의 기억을 온전히 자신의 시적 영역으로 가져오기에 이른다. 그럼으로써 김성렬의 시는 회고적 시점이 전달하는 감동적인 세계를 제시할 수 있게 된다. 시인은 고향에 가고 싶어 한다. 그곳은 "잊어버리기 위해 한 병이 두 병, 두 병이 세 병"이 되도록, "고주망태 되도록 퍼마시고 깨면" 다시금 아스라이 그리워지는 곳이다. 김성렬 시인이 시를 쓰는 이유가 바로 여기에 있을지도 모른다. 고향에 이르기 위해, 그리고 고향과도 같은 삶의 본질적인 그 어떤 곳에 이르기 위해 그는 시를 쓰고 또 쓰는지도 모른다. 그리하여 그는 그곳에서 고향을 흐느끼고 어루만지며, 고향으로 되돌아가기 위해 처절한 사투를 벌이고 있는 것이리라.

　여기 한 시인의 자기 고백이 있다. 시인의 고백록은 자신의 삶을 둘러싼 일상을 통해 외재적 측면의 이야기를 전달하고 싶어 한다. 그렇게 됨으로써 김성렬의 시는 사소한 일상을 삶의 보편적 양상으로 확장시킴으로써 시적 사유의 진폭을 넓힐 수 있게 된다. 따라서 그의 시가 보여주는 일상은 결코 일상의 사소함을 전제로 하지 않는다. 그의 일상은 일상의 사소한 부분을 적극적으로 파헤침으로써 오히려 일상이 전달하는 가치와 세계를 전달하게 된다. 그런 의미에서 그의 슬프도록 아름다운 시 한 편을 인용하며 이 글을 맺고자 한다.

갈 곳도 없는 주말 오후
버스를 내려 고기 굽는 냄새 진동하는 식당가 골목 걸어 집에 가는데 어디서 많이 본 듯한 아이들 갈빗집 환풍기가 훅훅 내뿜는 고소한 향기에 취한 탓일까 번갈아가며 식당 안을 들여다보고 있다 연탄재 들고 나온 주인집 여자가 손에 든 연탄집게로 때릴 듯이 저리 가! 저리 가! 아이들 내쫓는다

그날 저녁 아이들 불렀다
너희들 아빠도 없는 거지새끼냐!
식당 앞에서 껄떡거리게 응!
또다시 얼쩡대는 거, 눈에 띄면
그때는 진짜 혼날 줄 알아!
숙제는 다 했어?

그럼 가서 씻고 일찍 자!
호통을 쳤다

월급날은 아직 멀었는데
그렇다고 자주 들락거리는 단골 식당이 있나,
하는 수 없이
회사에 몸뚱이 맡기고 가불을 했다

애들아,
아빠 퇴근하거든 갈비 뜯으러 가자

—「외식」 전문

이 도서의 국립중앙도서관 출판시도서목록(CIP)은 서지정보유통지원시스템 홈페이지(http://seoji.nl.go.kr)와 국가자료공동목록시스템(http://www.nl.go.kr/kolisnet)에서 이용하실 수 있습니다.(CIP제어번호: CIP2015024869)

문학의전당 시인선 213

본전 생각

ⓒ 김성렬

초판 1쇄 인쇄　2015년 9월 11일
초판 1쇄 발행　2015년 9월 18일
　　지은이　김성렬
　　펴낸이　고영
　책임편집　이현호
　　디자인　헤이존
　　펴낸곳　문학의전당
　　출판등록　제311-2012-000043호
　　　주소　서울시 은평구 연서로11길 7-5 401호
　　편집실　서울시 마포구 마포대로 127, 413호(공덕동, 풍림VIP빌딩)
　　　전화　02-852-1977
　　　팩스　02-852-1978
　　　블로그　http://blog.naver.com/mhjd2003
　　전자우편　sbpoem@naver.com

　　　ISBN　979-11-5896-001-8　03810

＊이 책의 판권은 지은이와 문학의전당에 있습니다.
＊양측의 서면 동의 없는 무단 전재 및 복제를 금합니다.
＊잘못 만들어진 책은 바꿔드립니다.